AF579128

ES UN
LIBRO DE

5

SCHOOL BUS RIDES

7

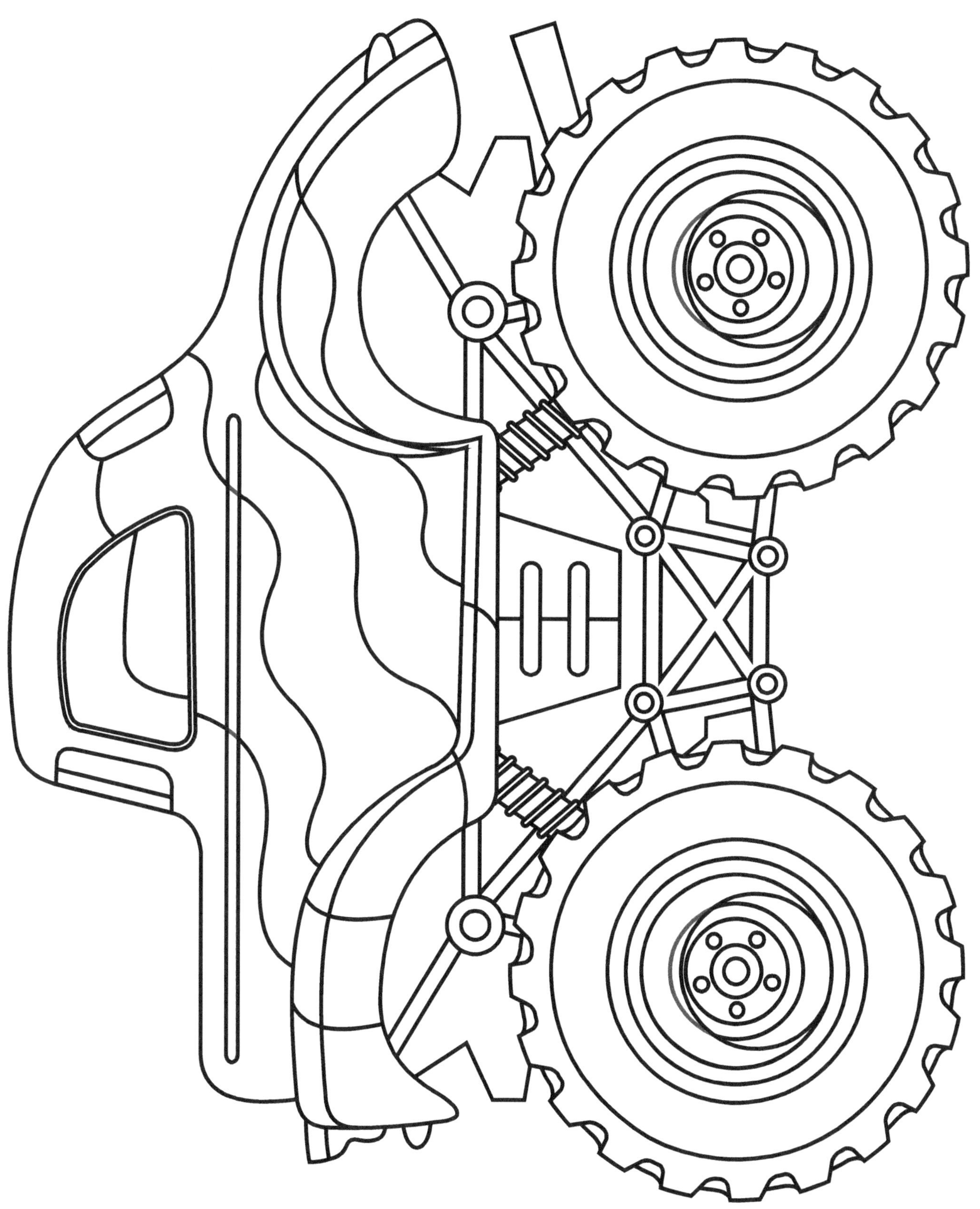

2

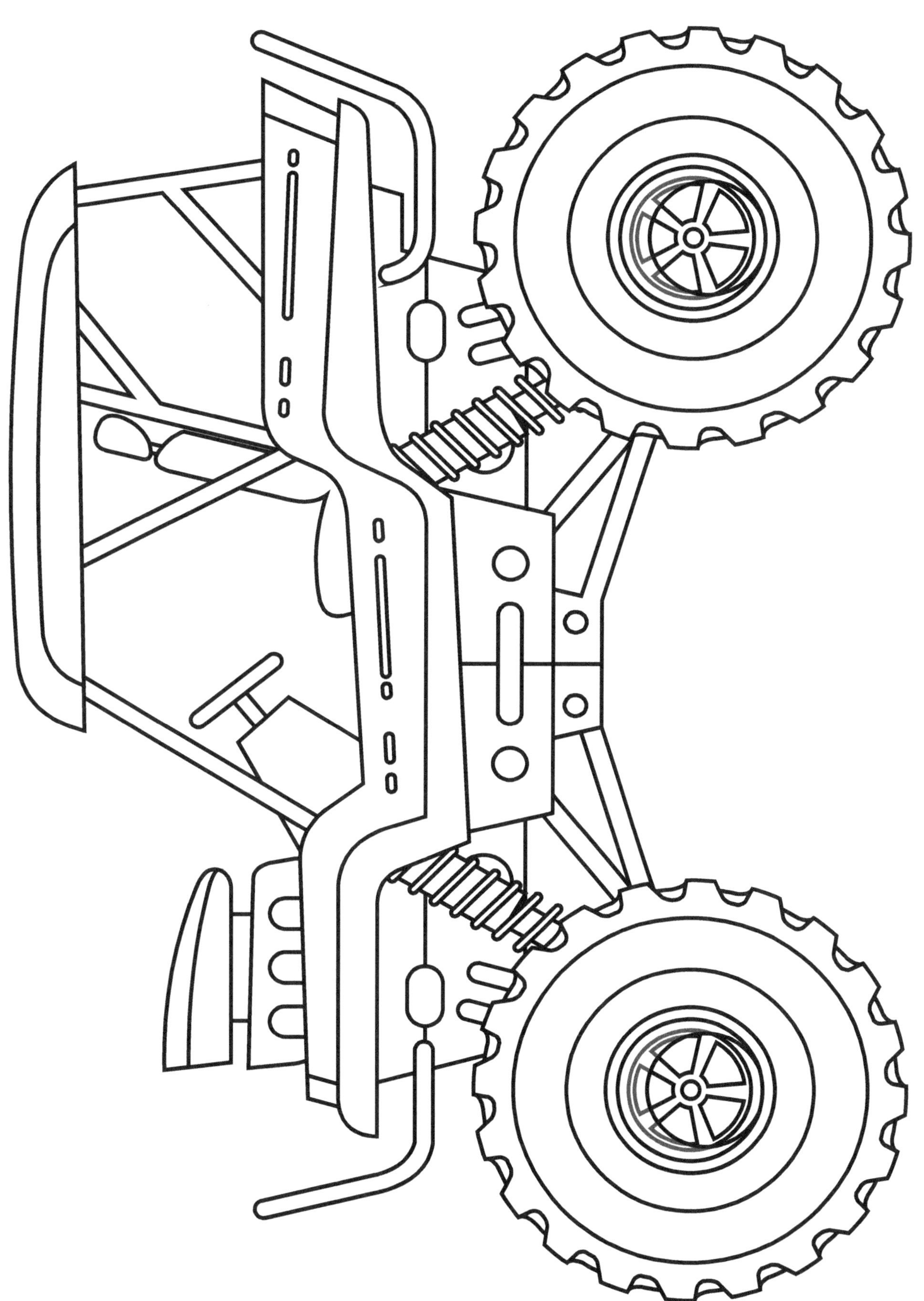

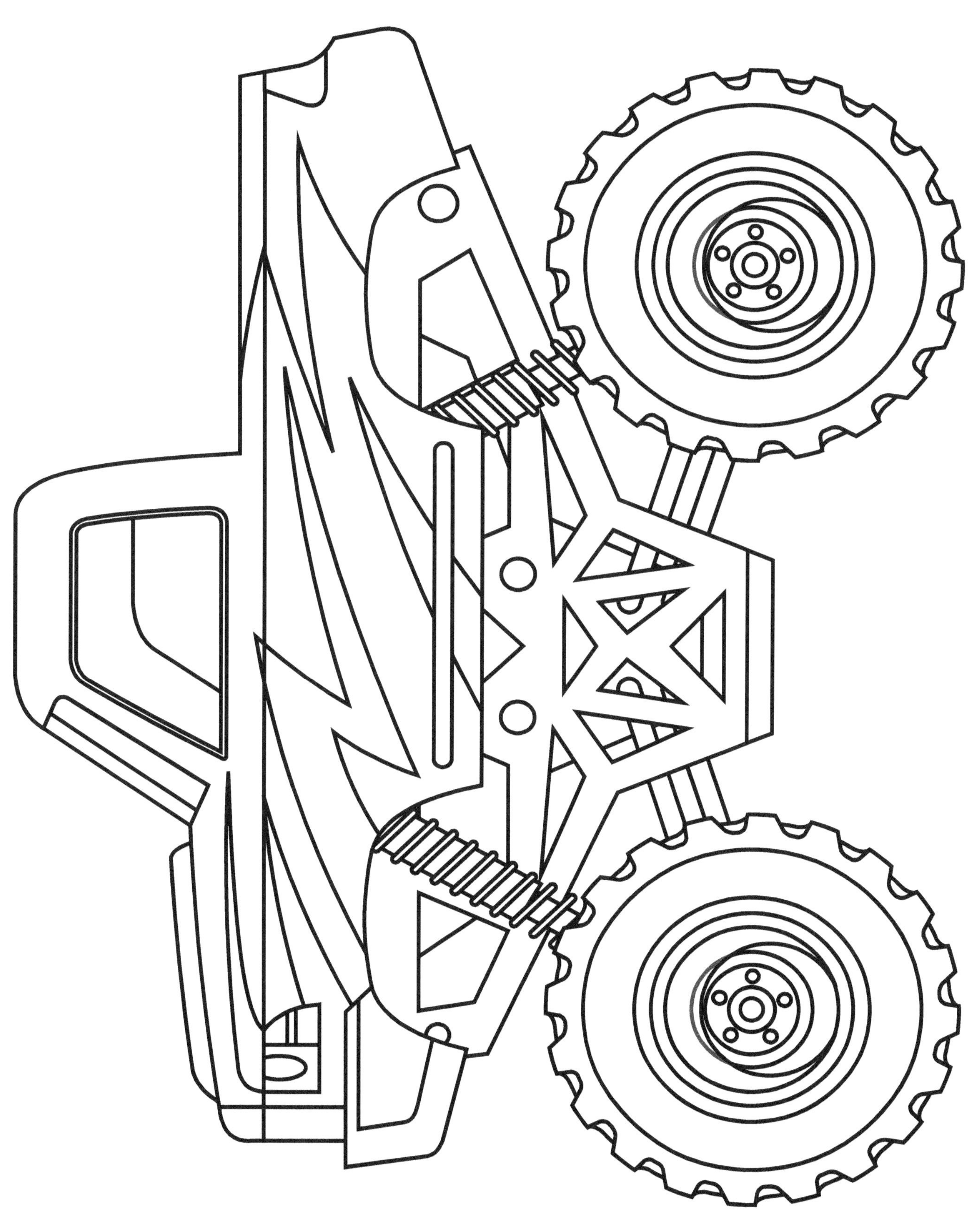

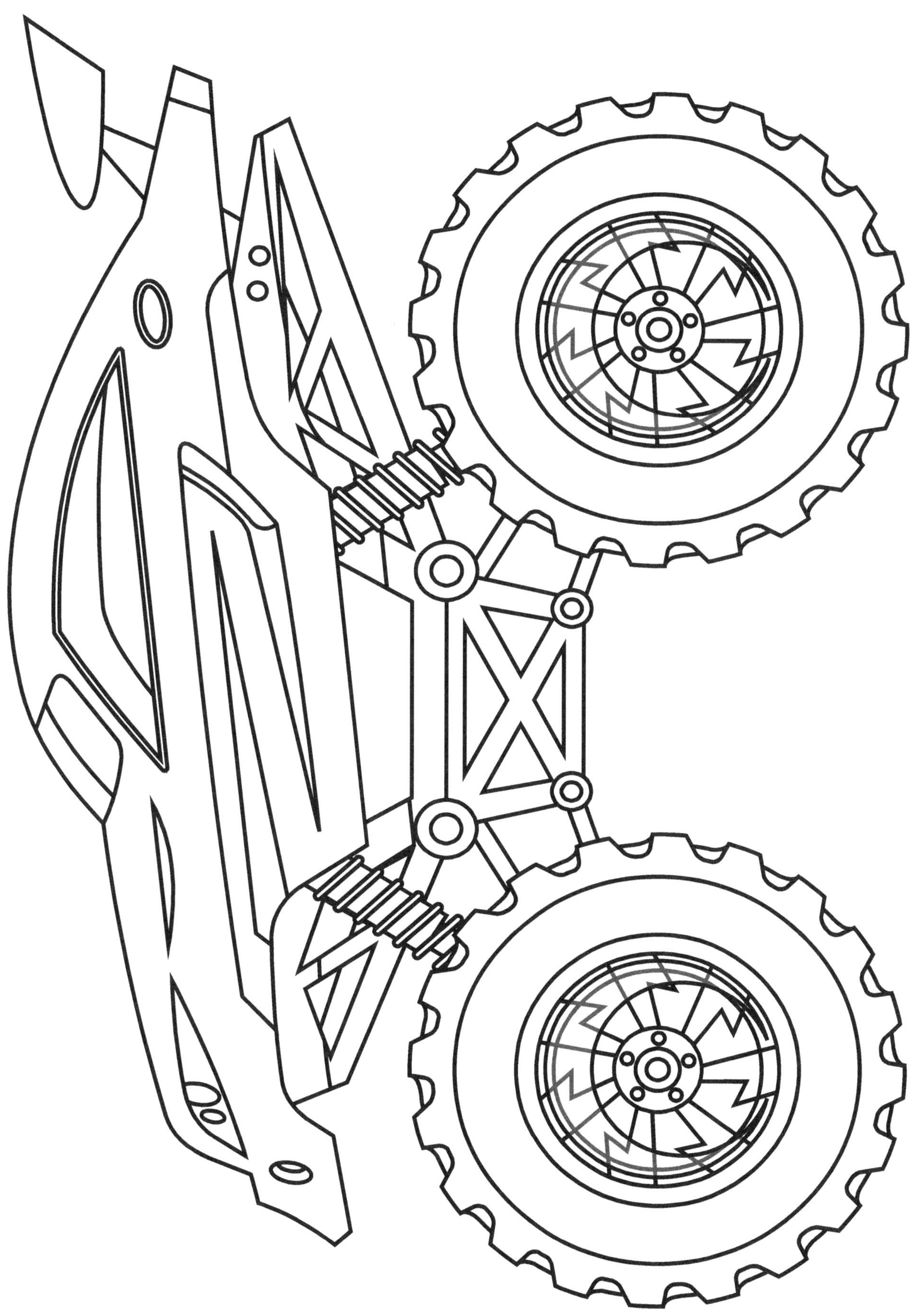

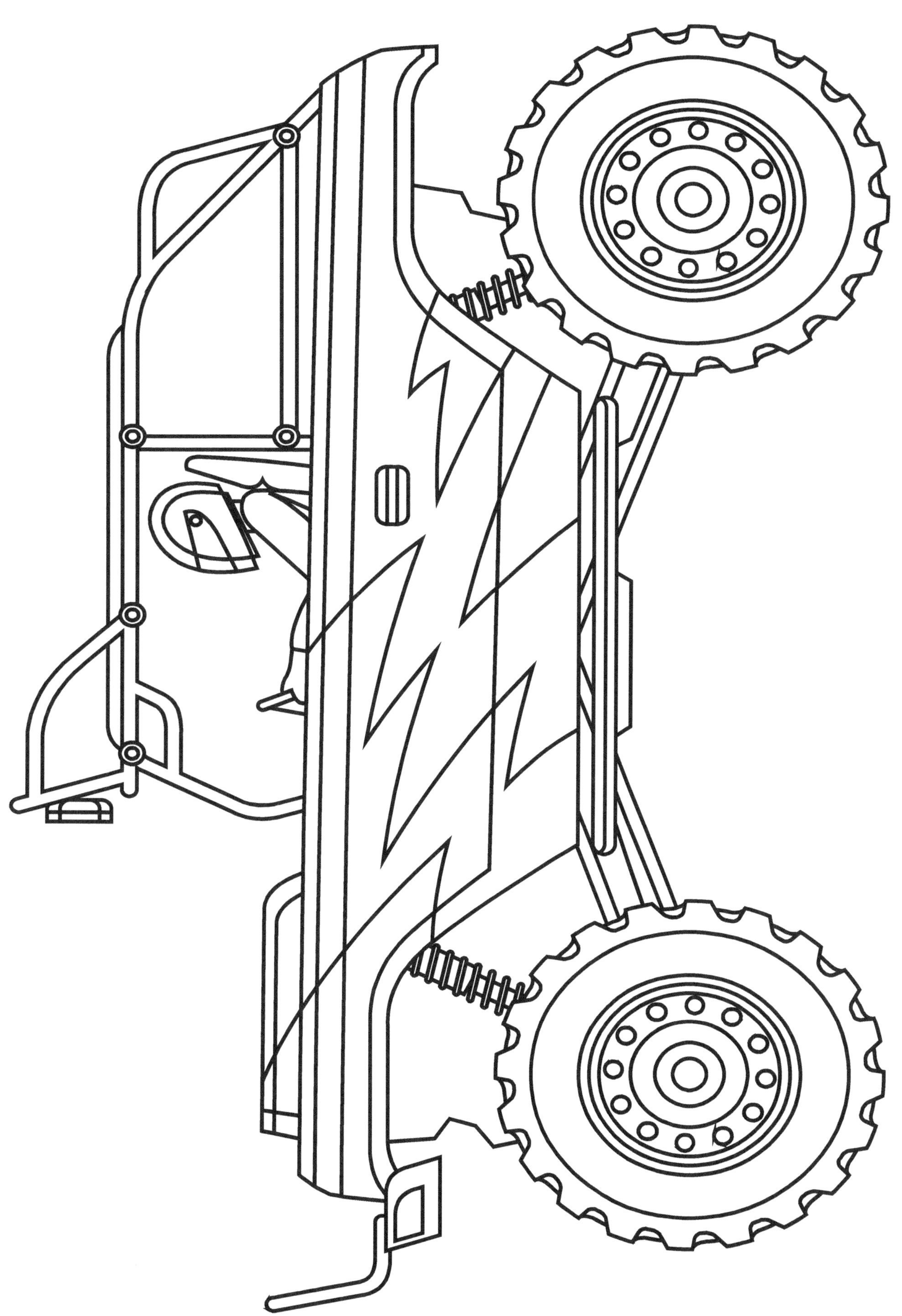

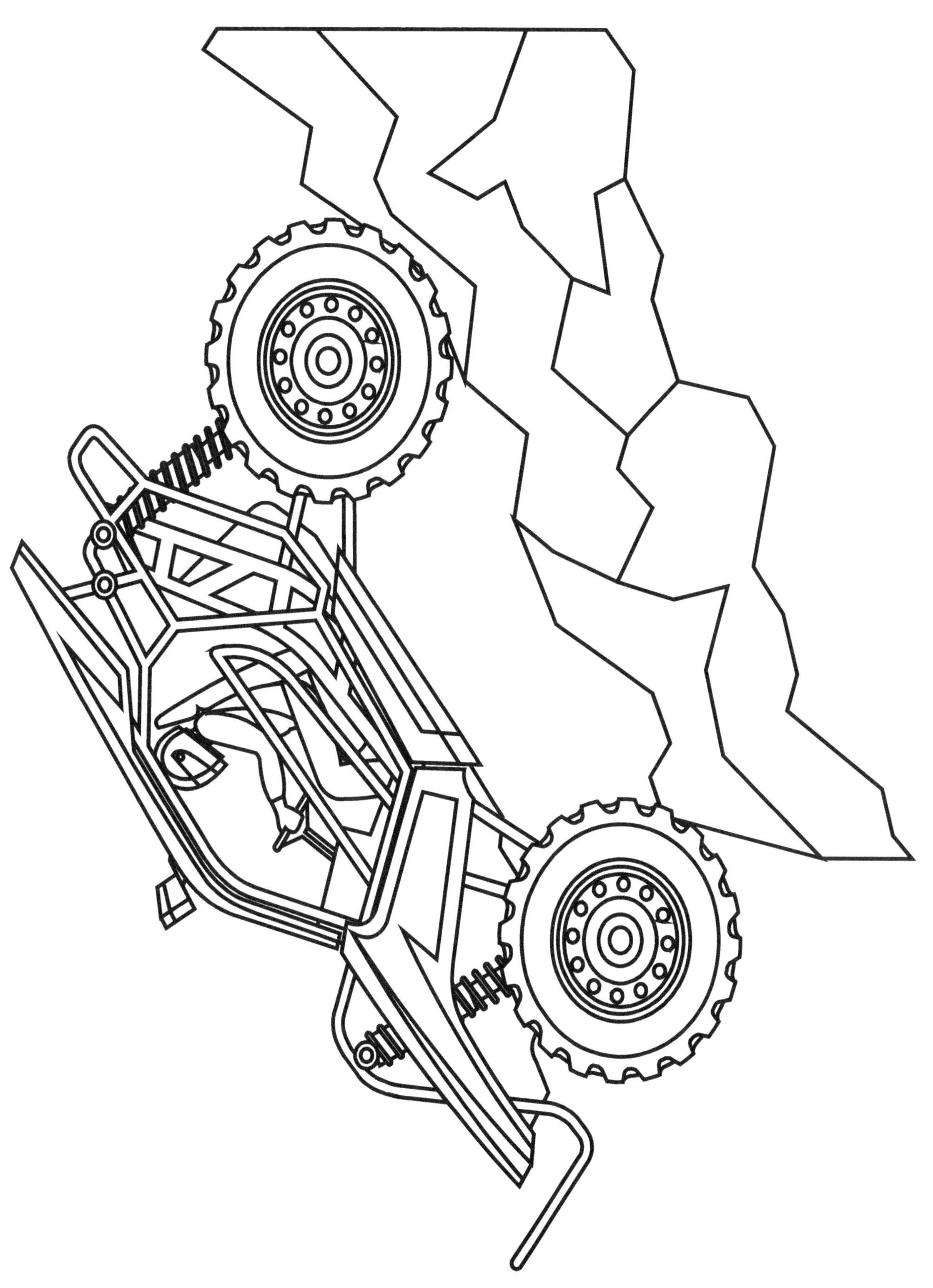

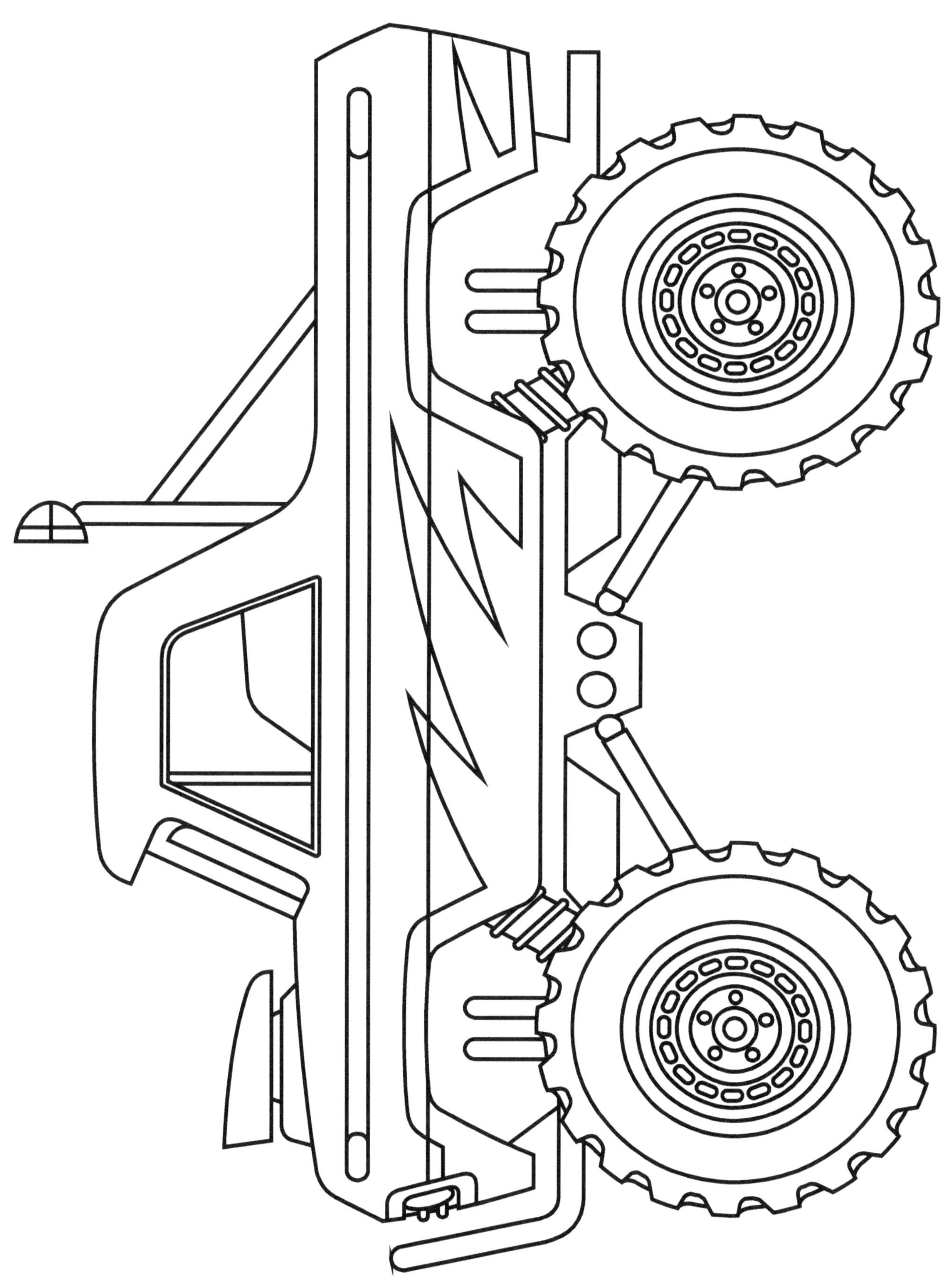

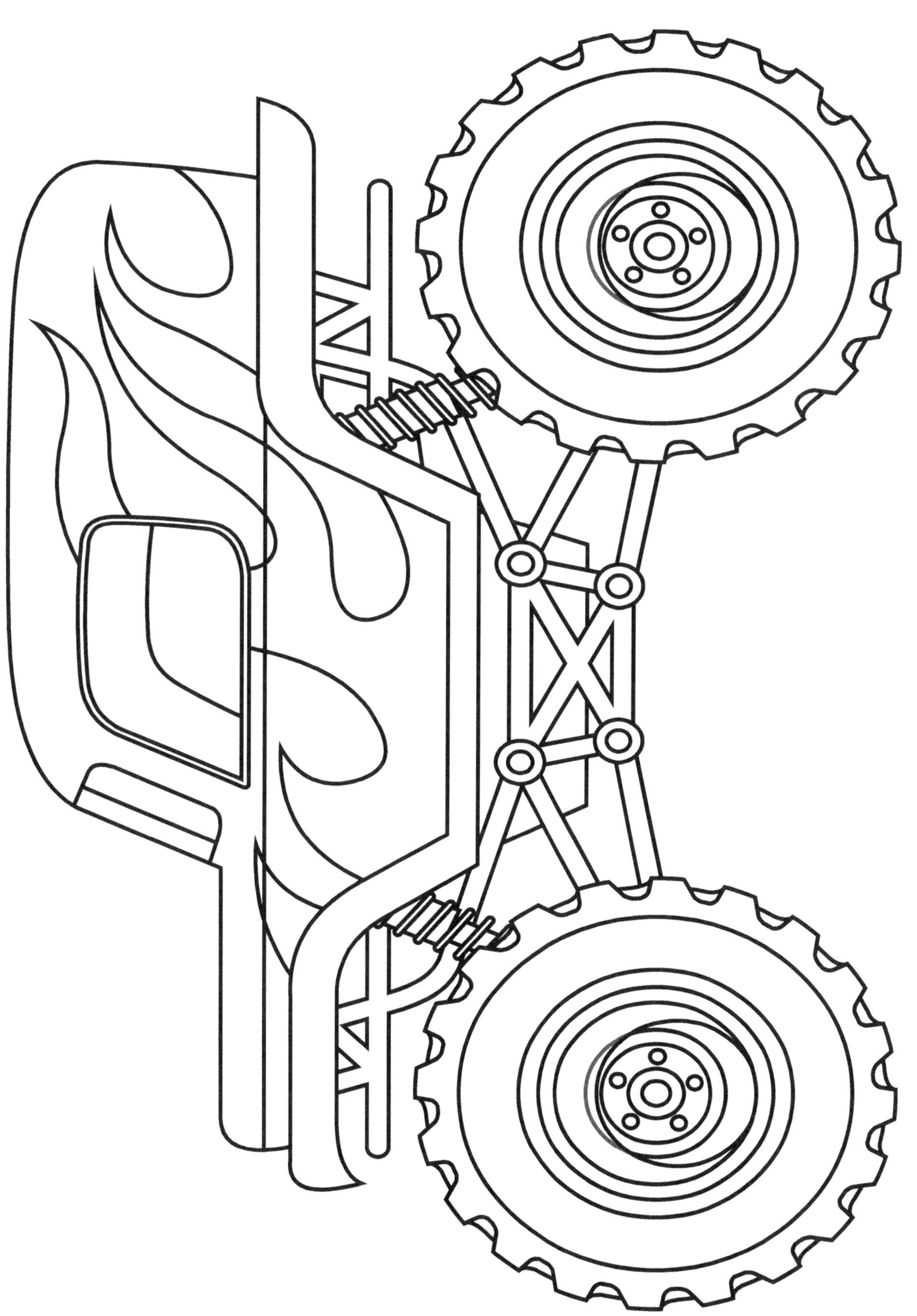

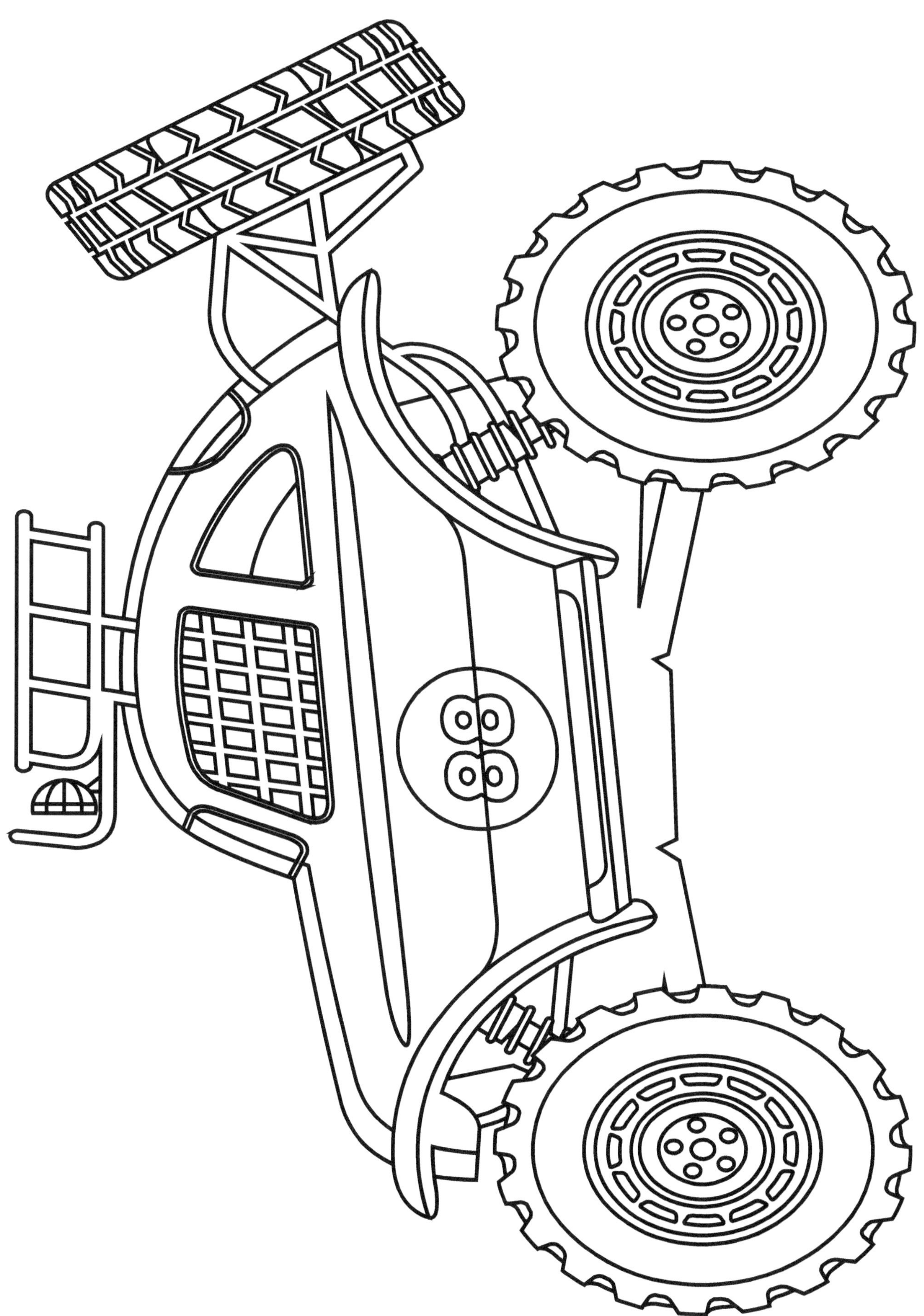

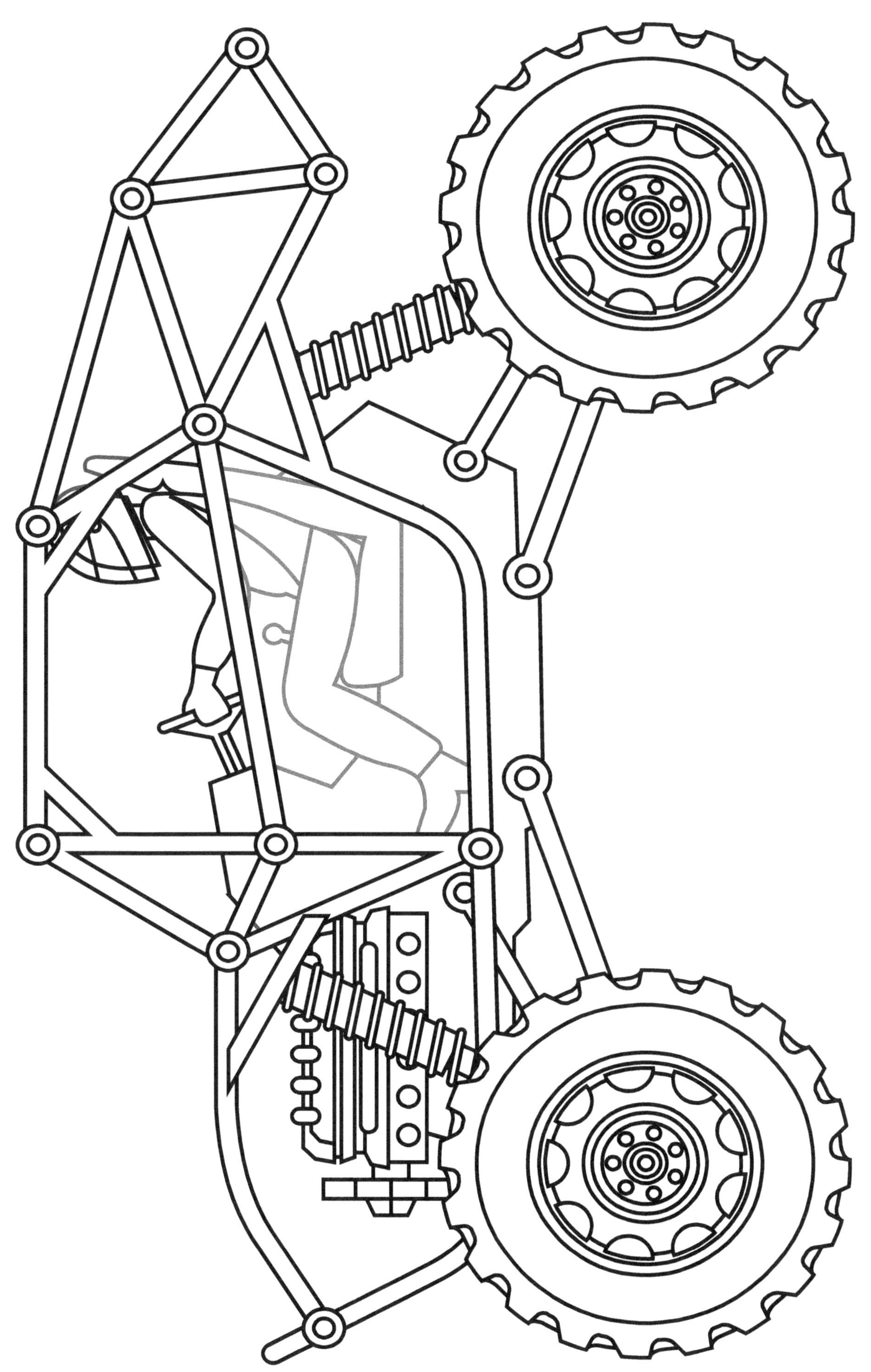

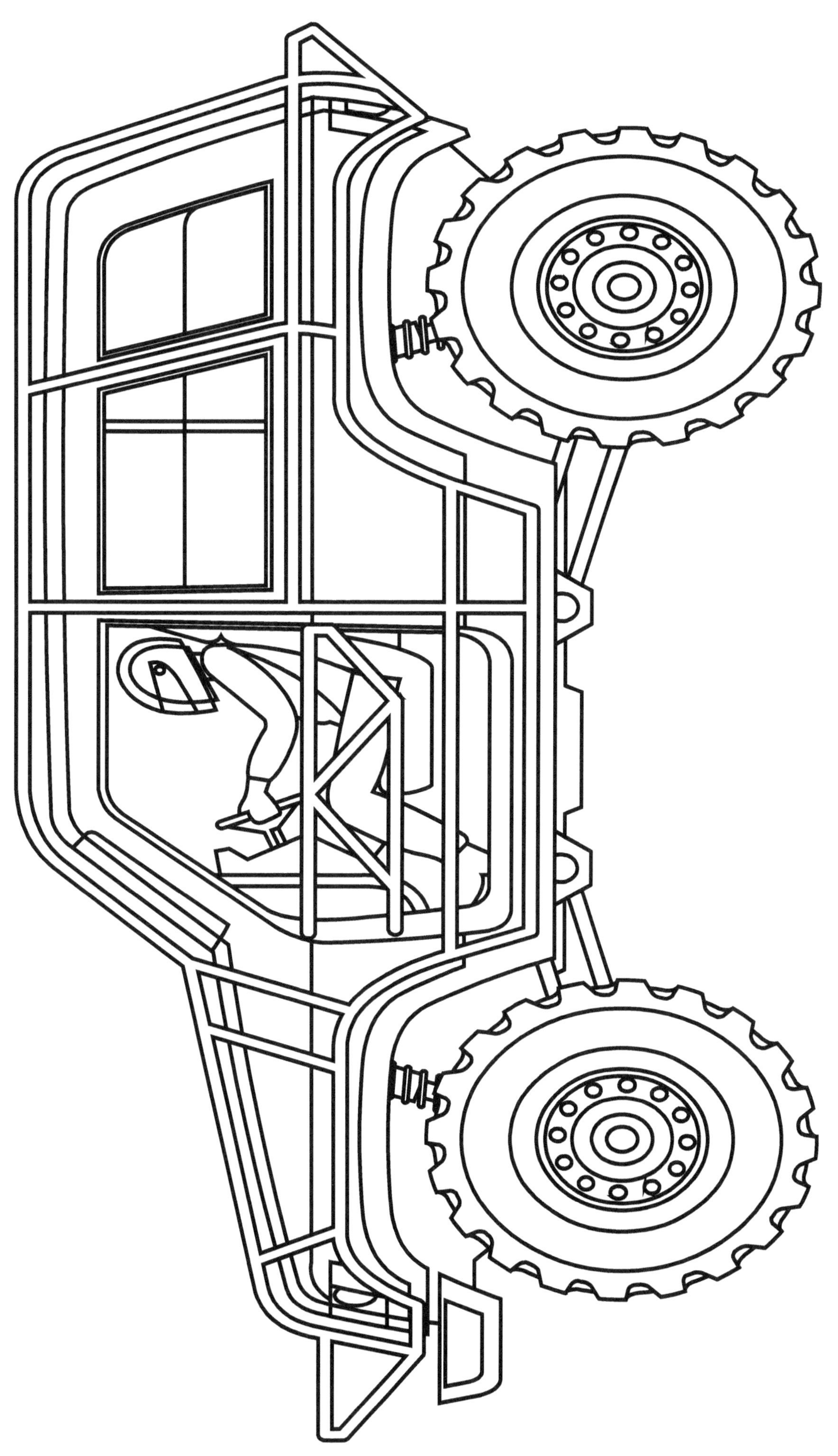

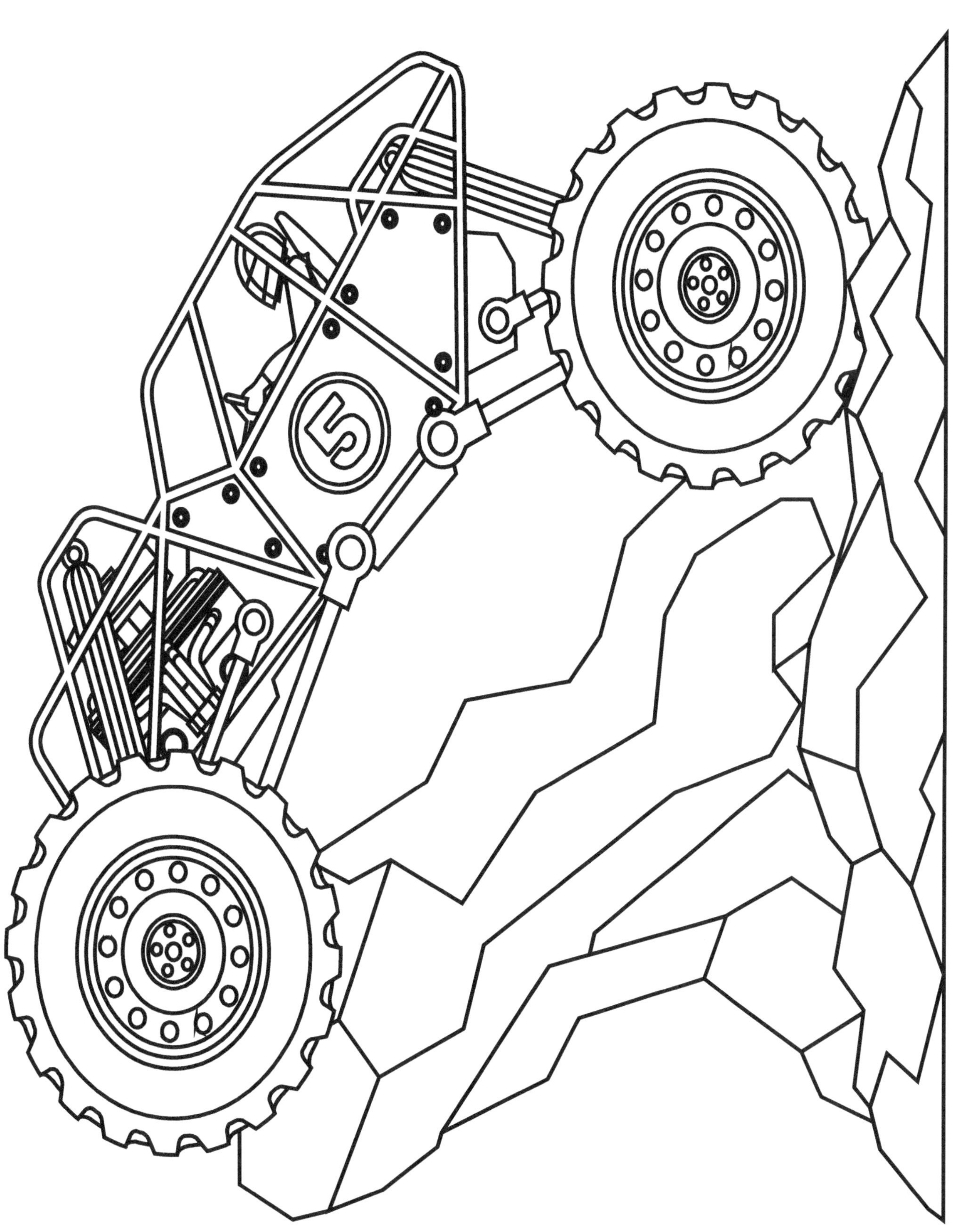

ROCK
Crawling

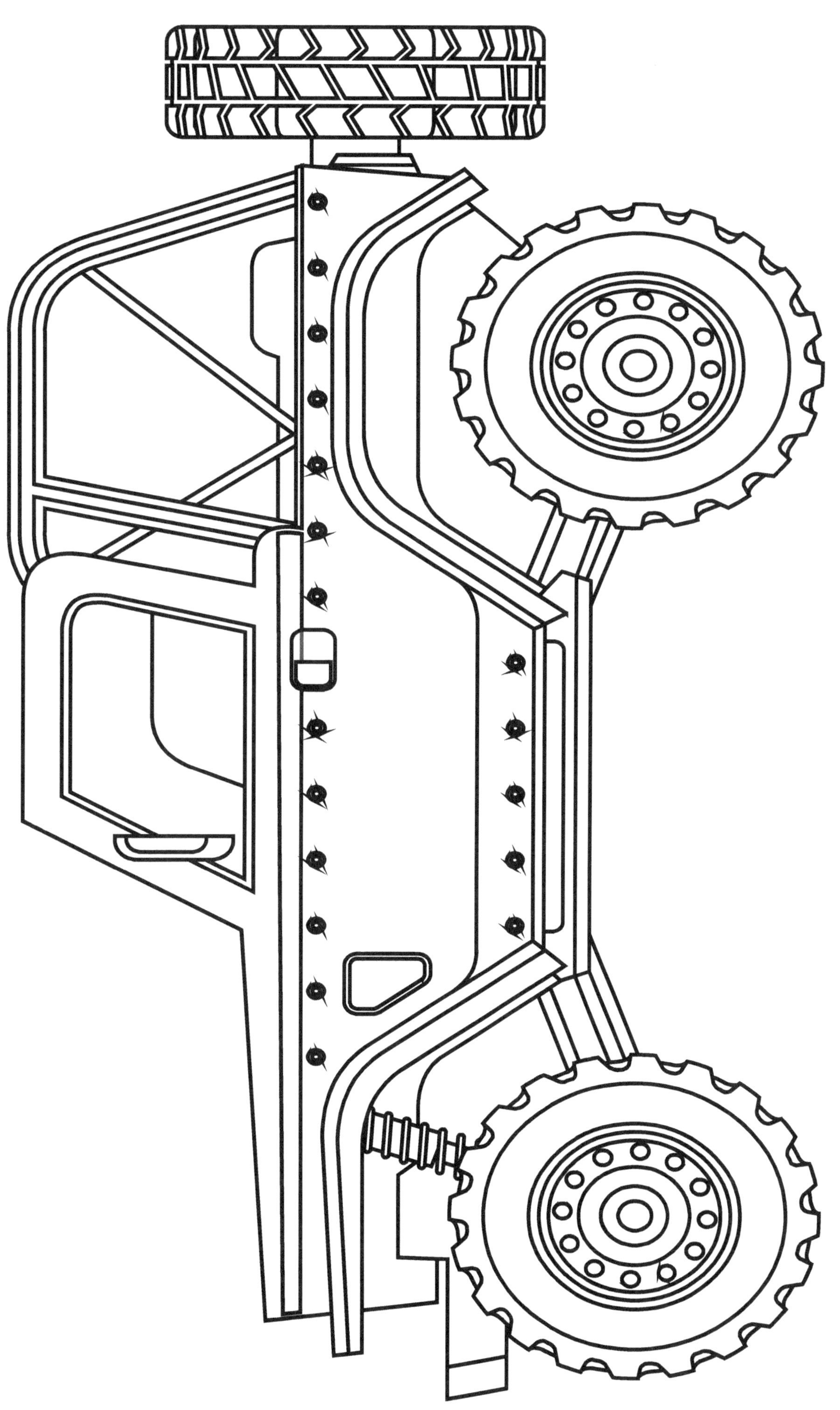

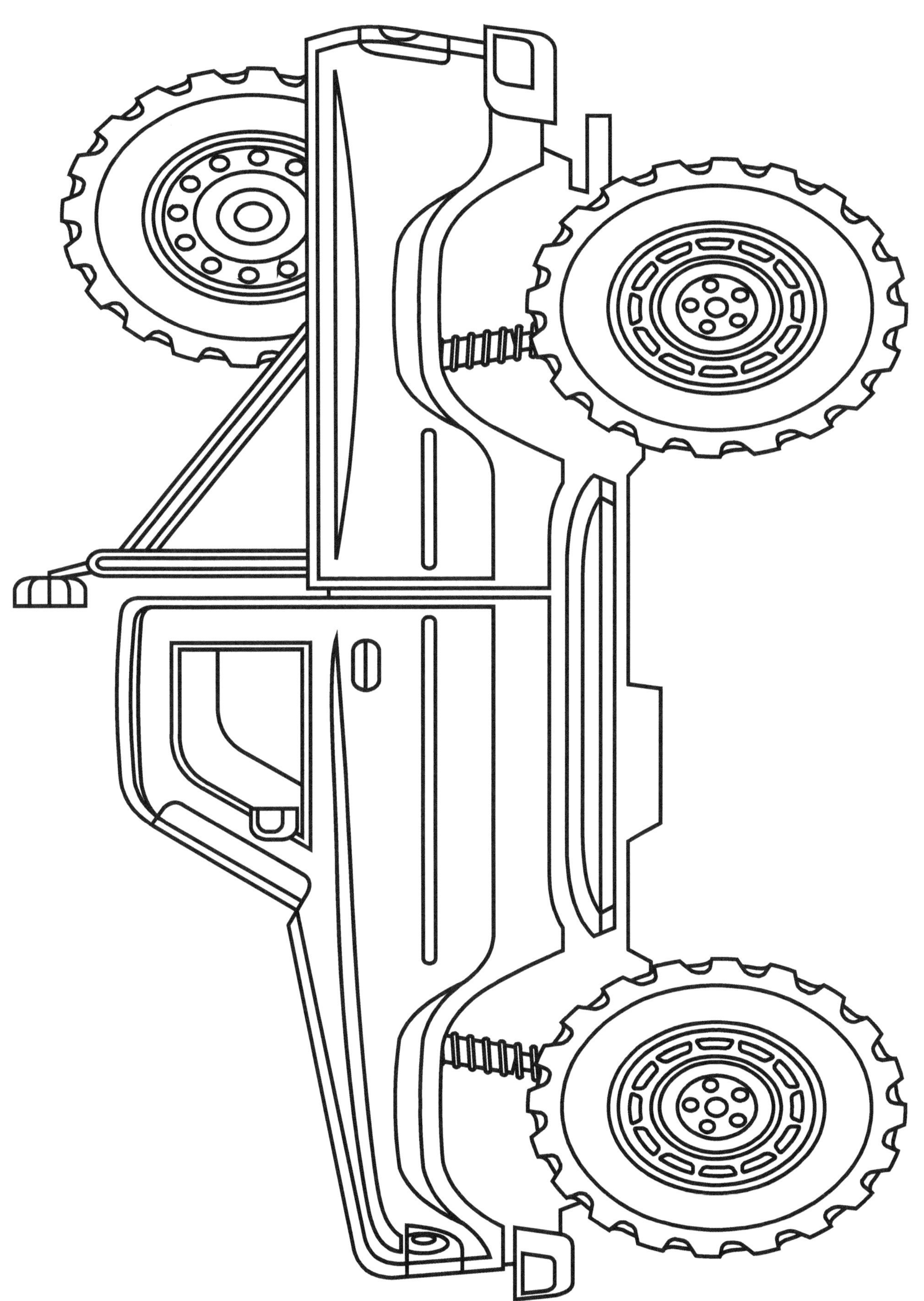

15

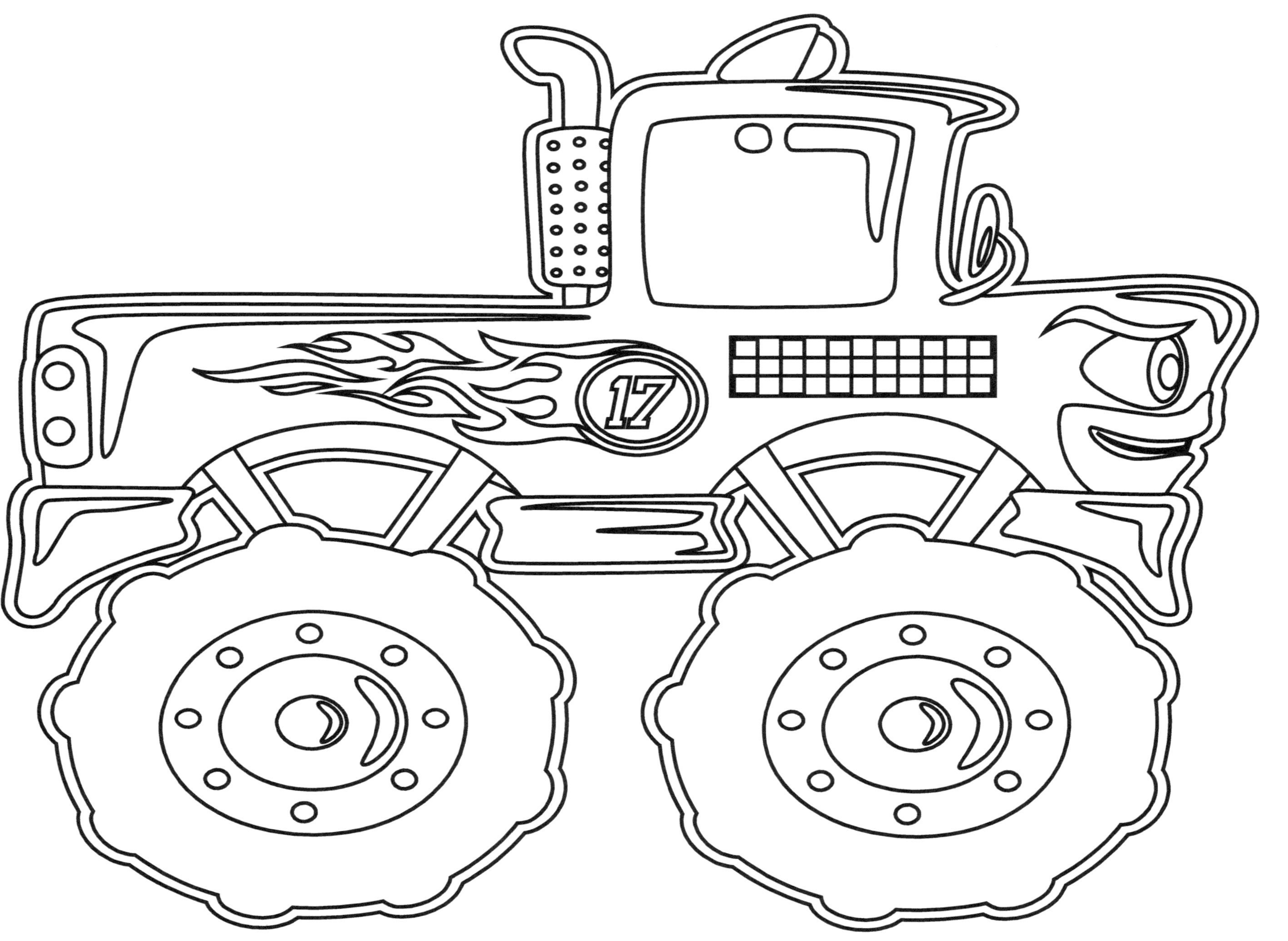
17

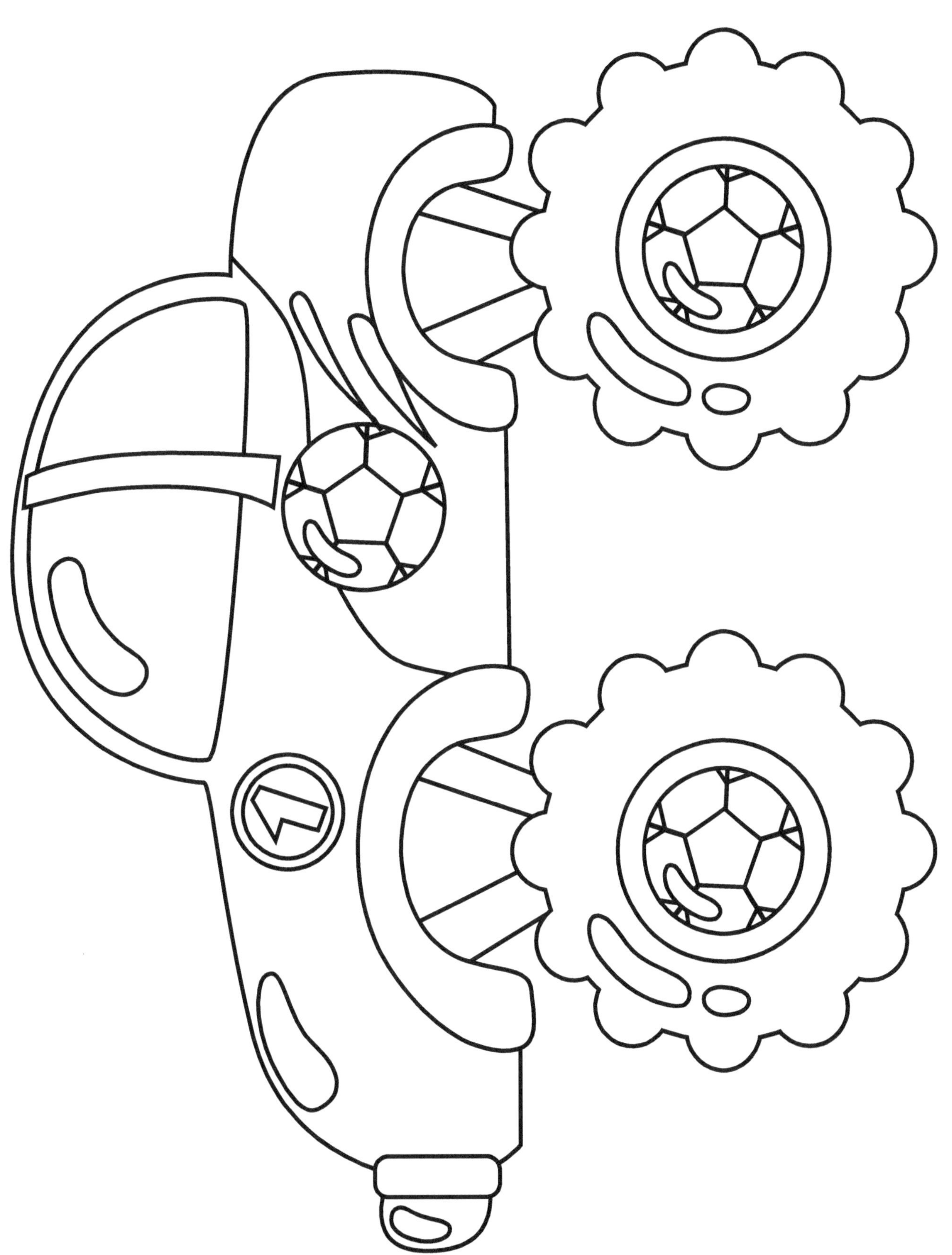

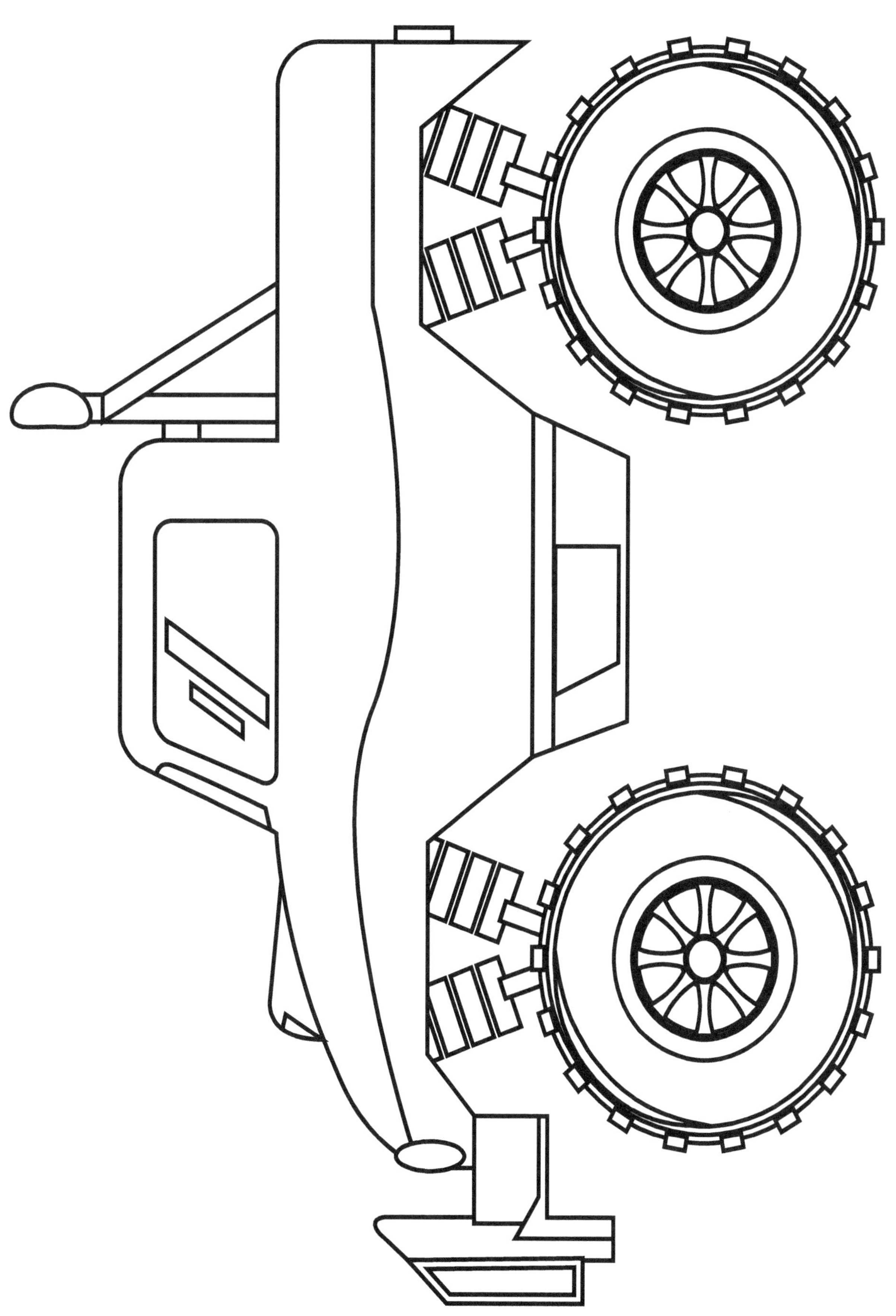

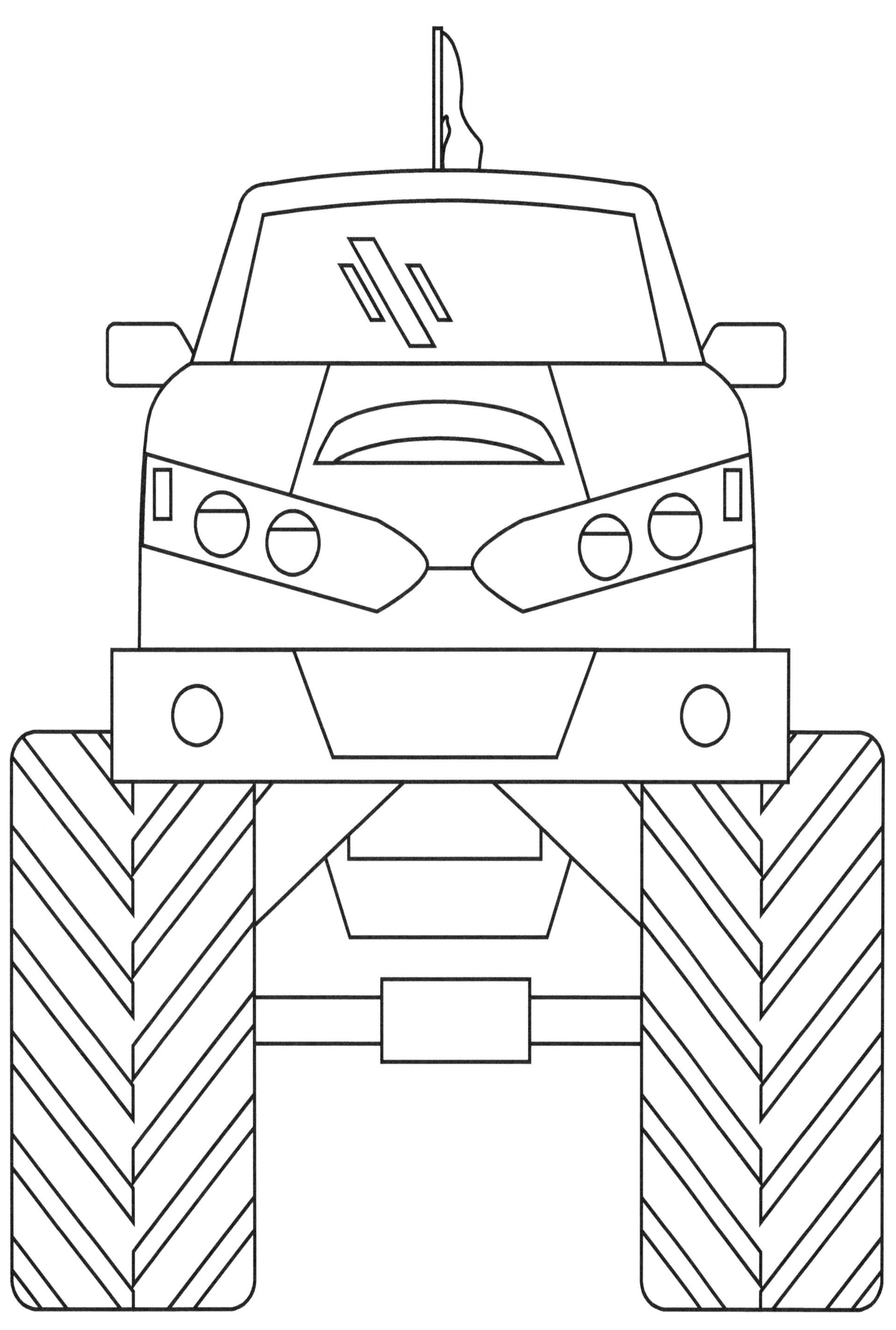

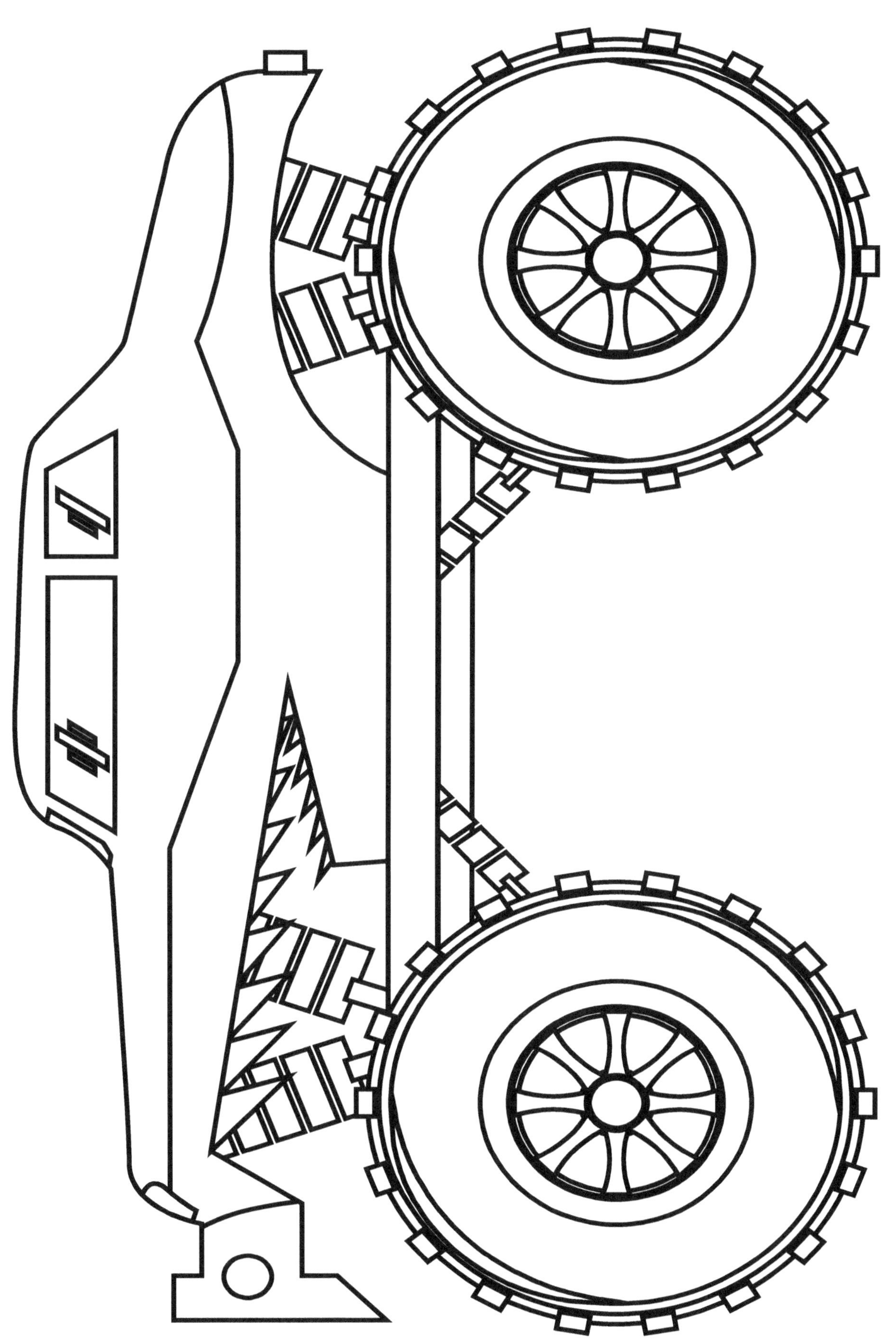

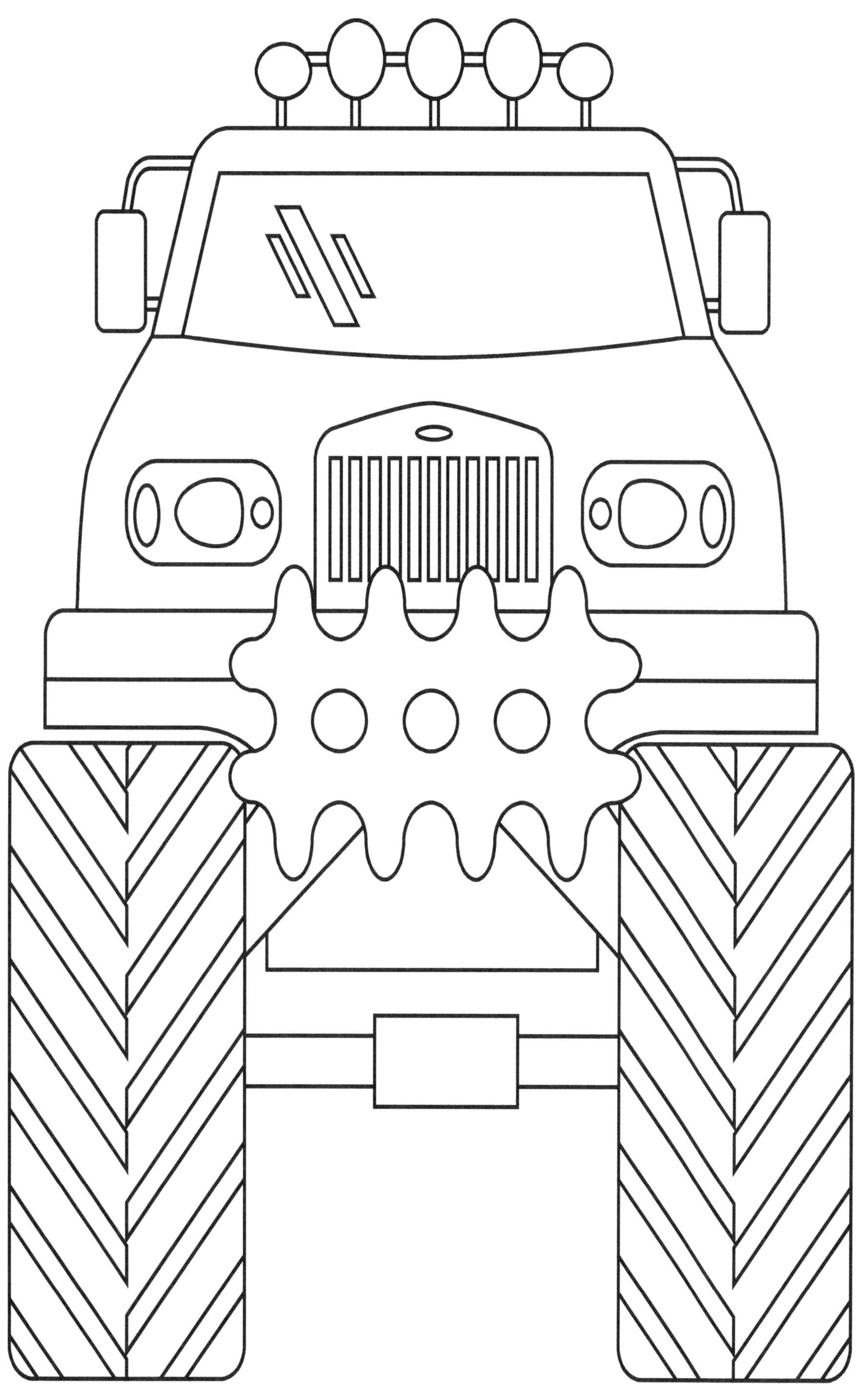

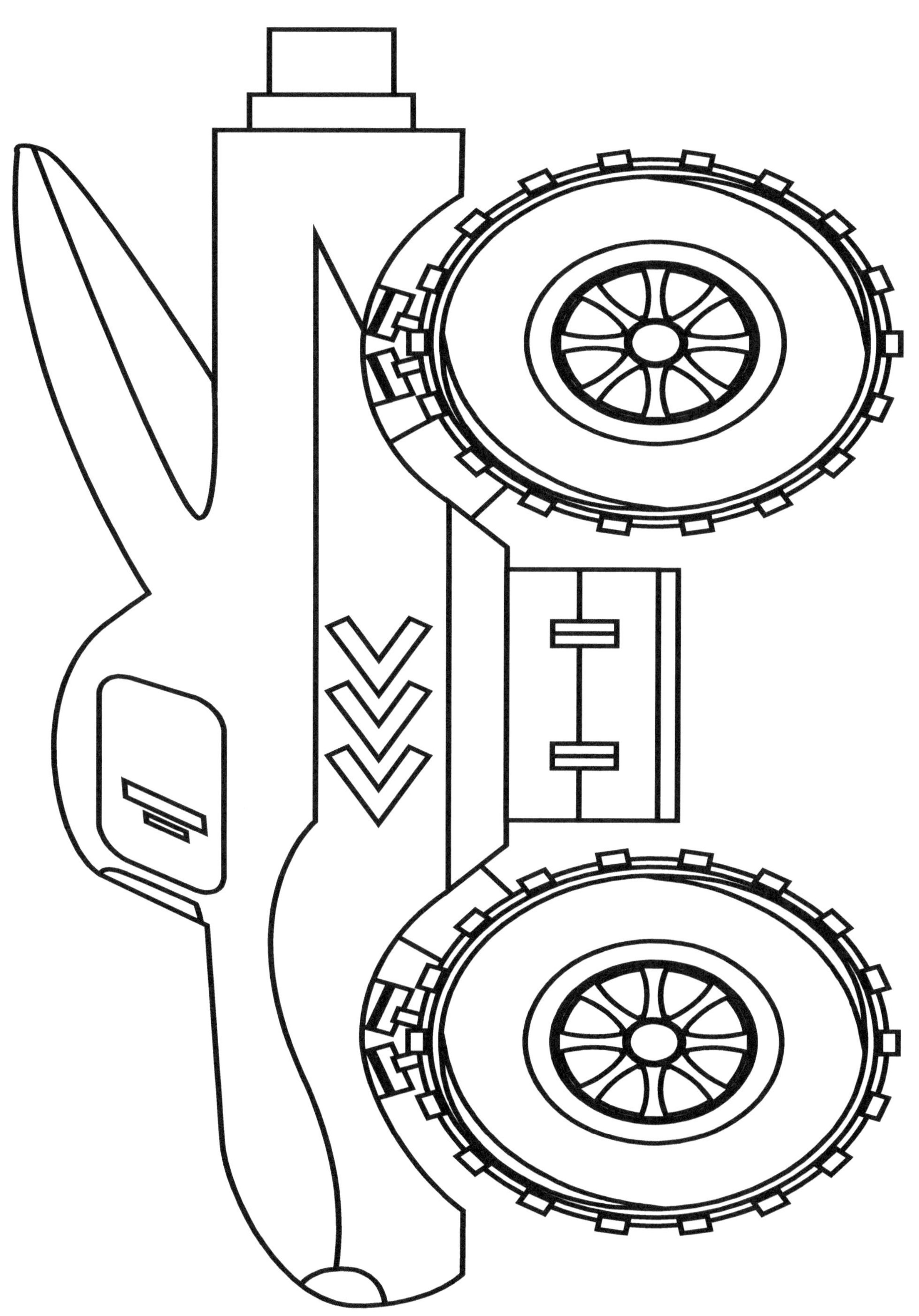

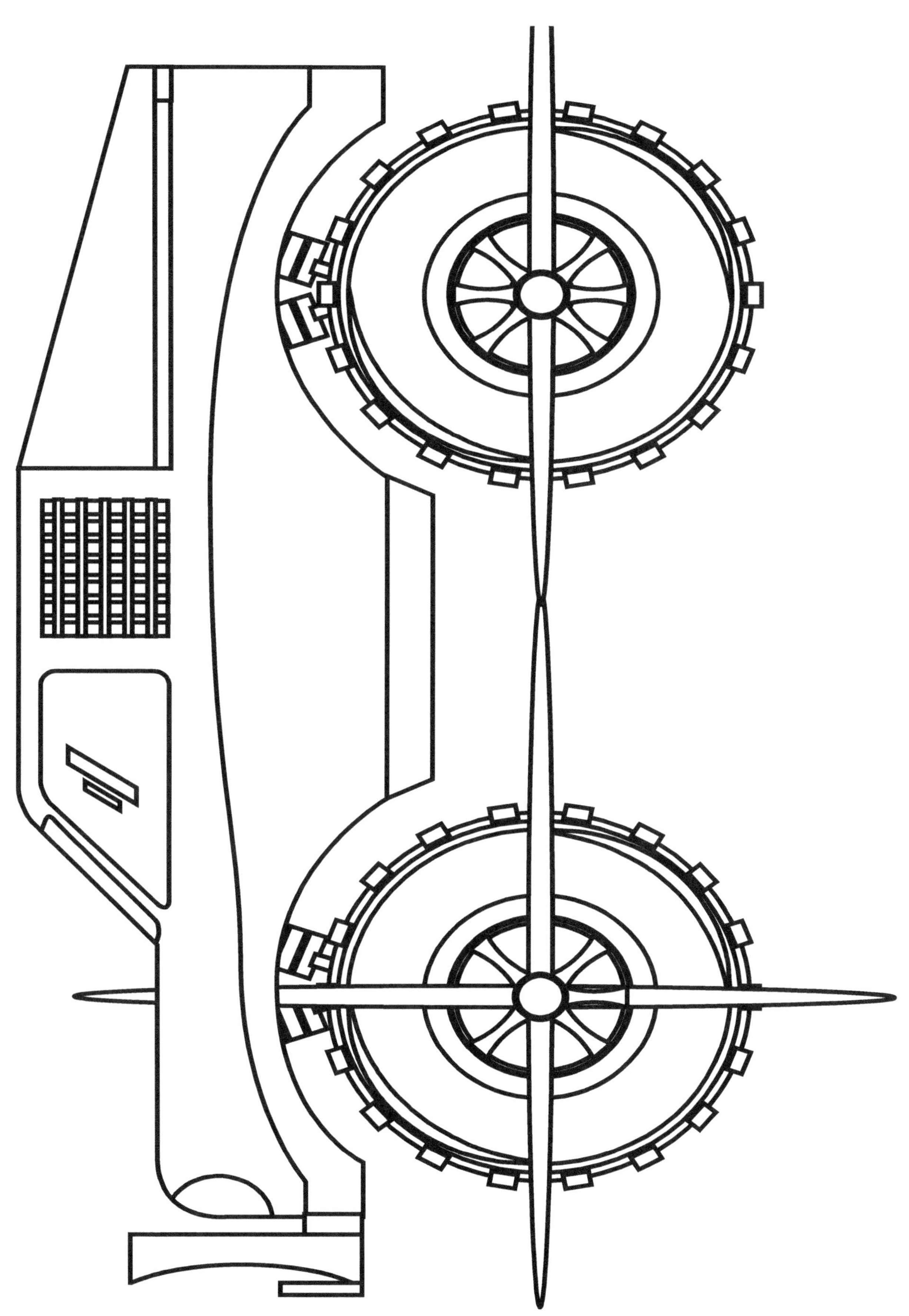

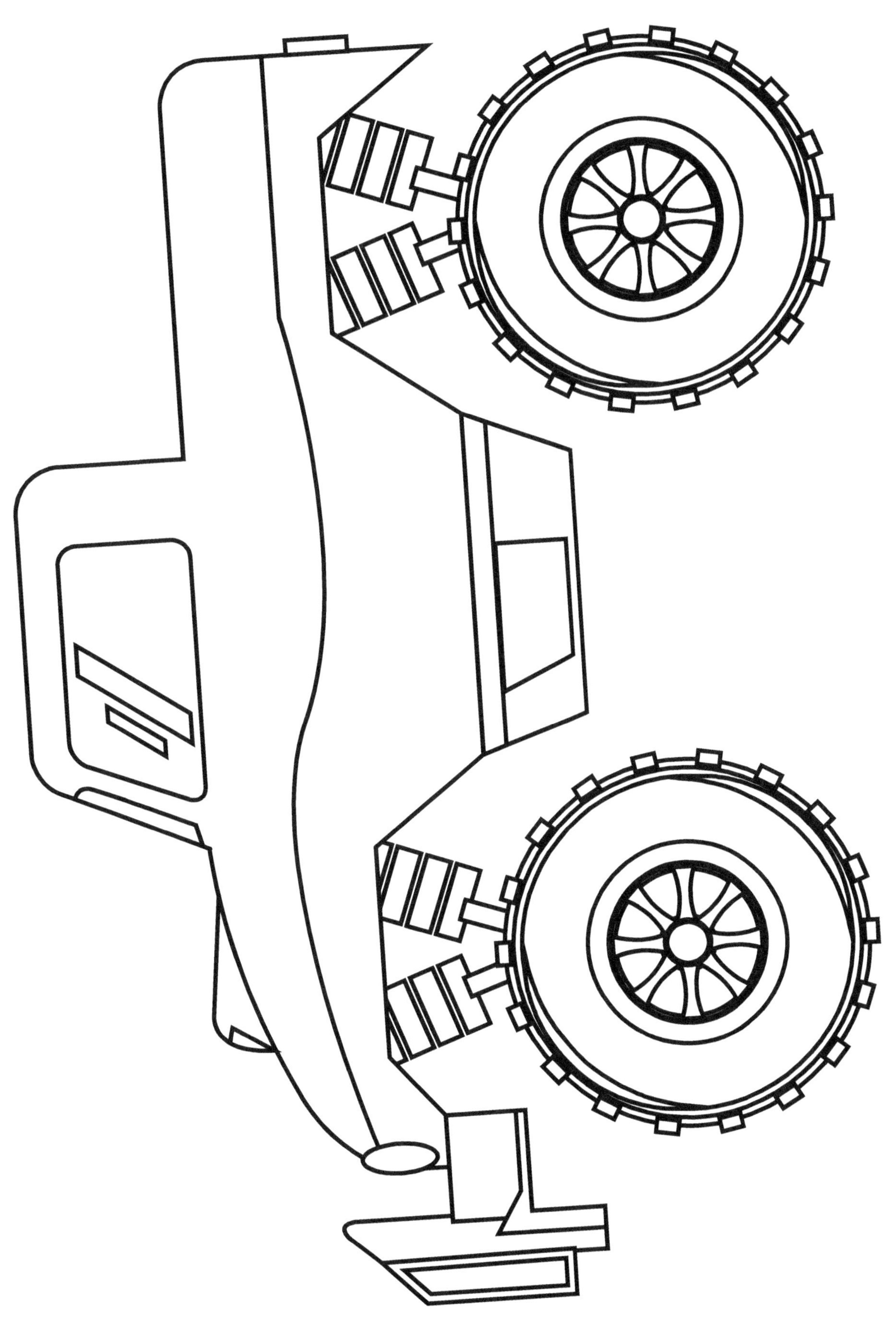

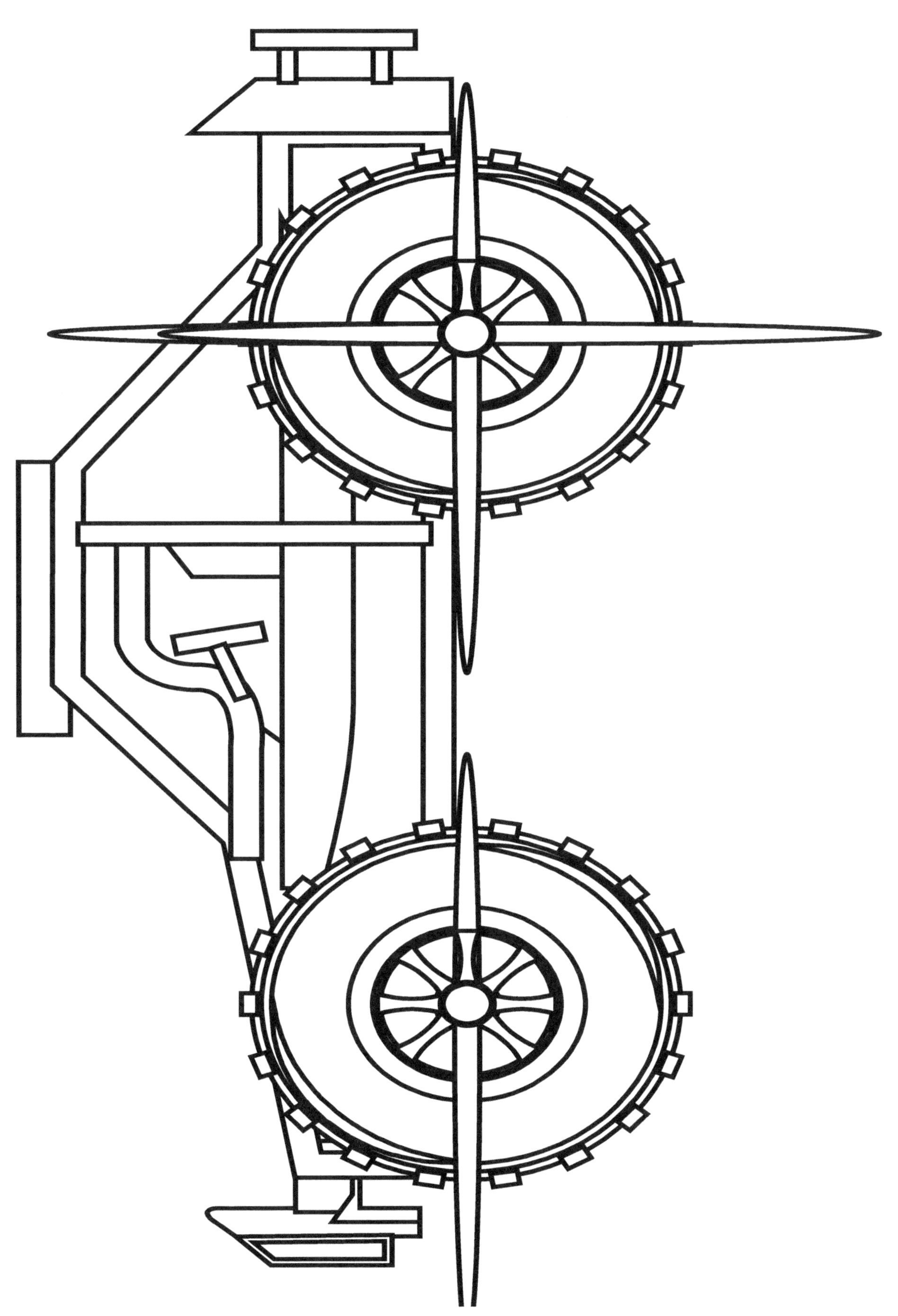

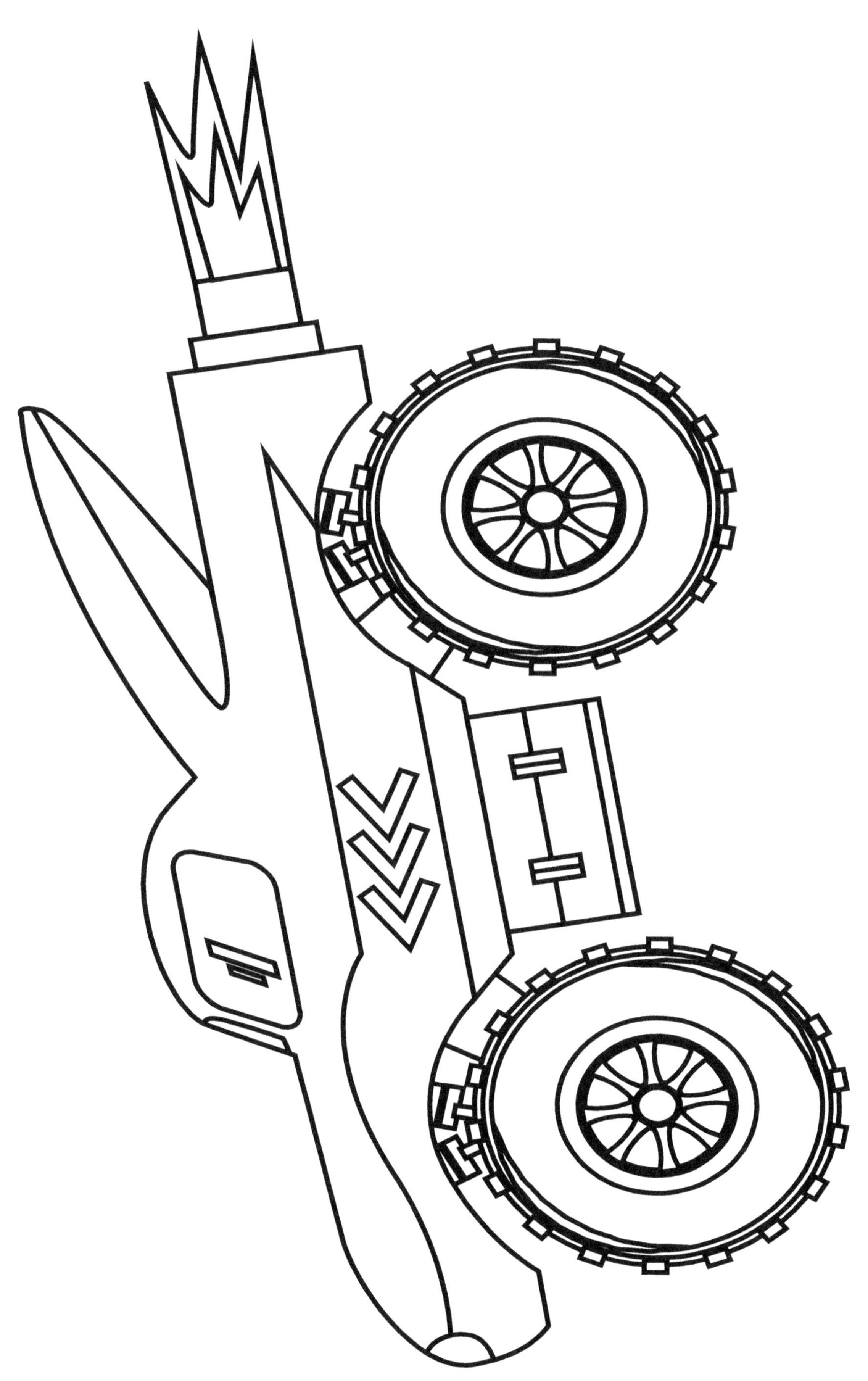

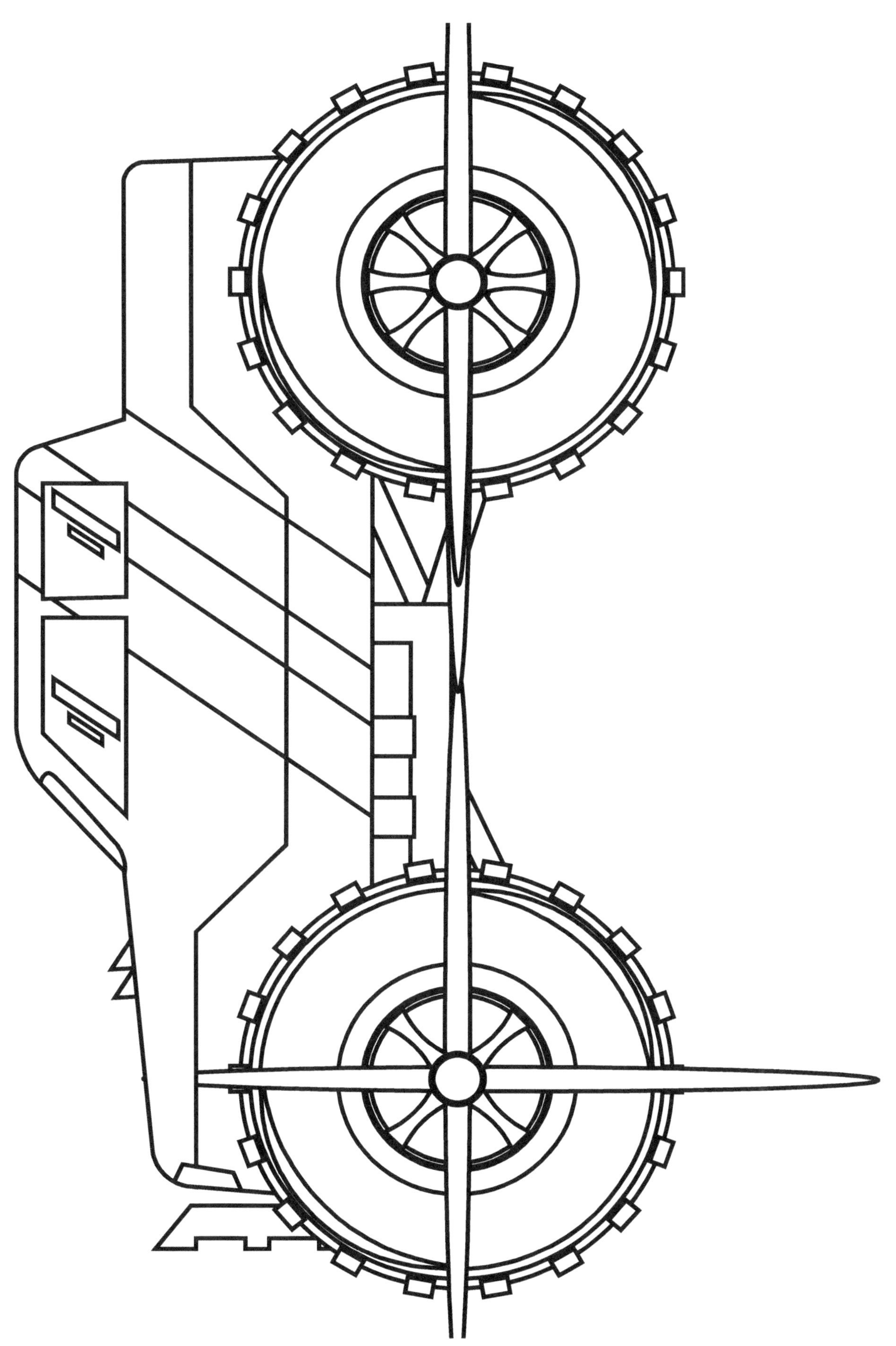

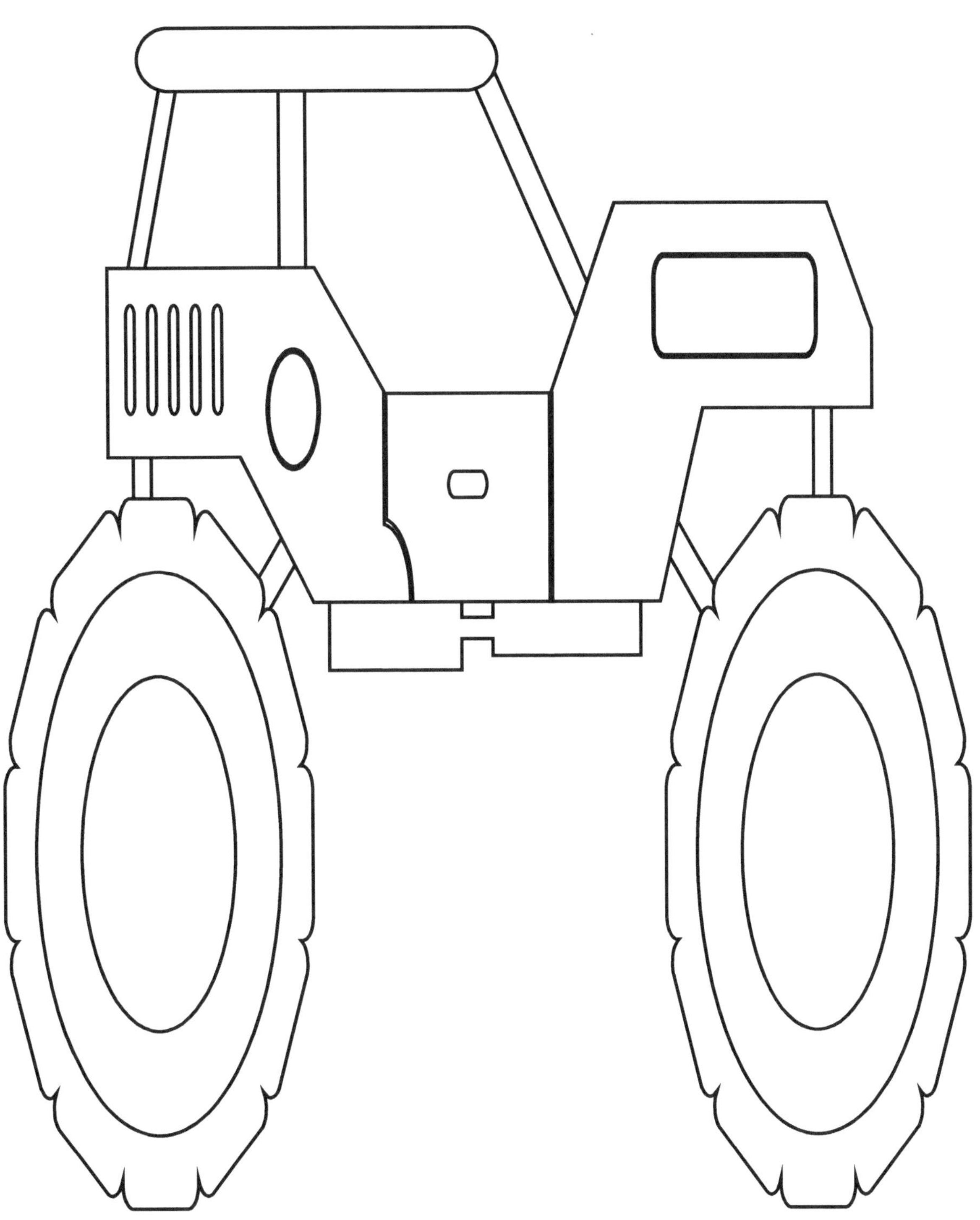

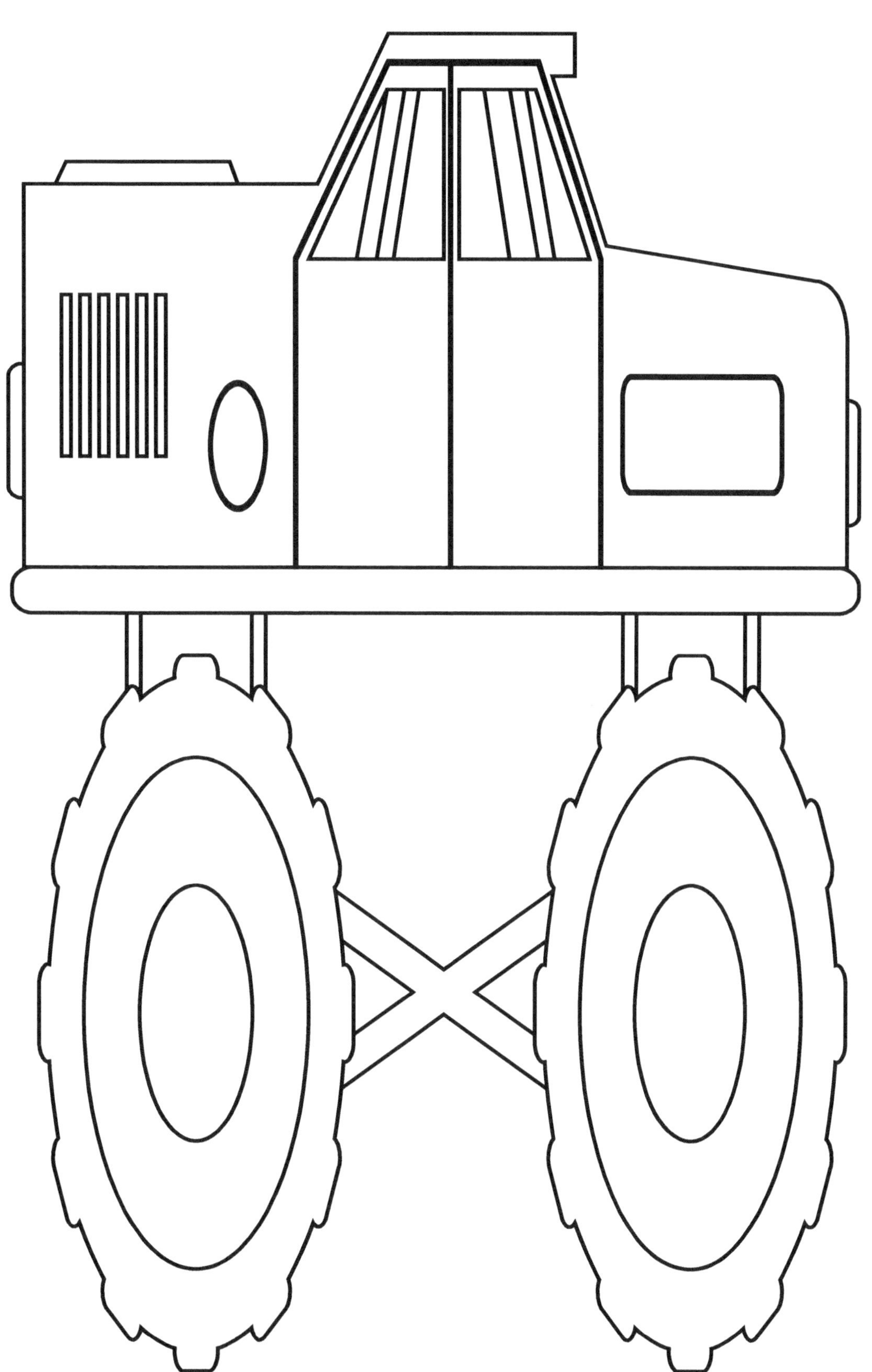

Impressum

Angaben gemäß § 5 TMG

Little Treasures Publishing

Vertreten durch:
Justin Schary

Kontakt:
E-Mail: littletreasures@outlook.de

www.lt-publishing.de

Umsatzsteuer-ID:
Umsatzsteuer-Identifikationsnummer gemäß §27a Umsatzsteuergesetz:

DE318623988

www.ingramcontent.com/pod-product-compliance
Lightning Source LLC
LaVergne TN
LVHW082249150826
845677LV00009B/1587

* 9 7 9 8 7 1 8 5 3 0 9 0 2 *